VOCABULAIRE PROGRESSIF DU FRANÇAIS DES AFFAIRES

CORRIGÉS

1 Réunion 1 : types de réunion
Exercices page 11
1. 1. Séance de brainstorming – 2. Réception – 3. Assemblée générale d'actionnaires – 4. Réunion d'information – 5. Colloque – 6 Réunion de service.
2. Cette année, l'Assemblée générale des actionnaires de Ixtel était **convoquée** pour le 3 mars. Elle s'est **tenue** à la date prévue dans la grande salle des conférences. Le président a présenté la situation, puis les **membres** de l'assemblée ont **délibéré** jusqu'à une heure du matin. La direction avait prévu ensuite une **réception** autour d'un **buffet**.
3. La réunion par téléphone (= la réunion téléphonique = la conférence téléphonique = l'audioconférence.)

2 Réunion 2 : organisation
Exercices page 13
1. 1. prévue. – 2. L'ordre. – 3. Le sujet. – 4. Les participants. – 5 Votre présence. – 6. matérielles. – 7. La disposition. – 8. Le lieu.
2. 1.c – 2.a – 3. b.
3. 1. reportée – 2. fixer – 3. assister, empêchement – 4. annule – 5. avancée – 6. fait.

3 Réunion 3 : animation
Exercices page 15
1. 1. c – 2. g – 3. e – 4. a – 5. h – 6. f – 7. b – 8. d.
2. 1. Au début – 2. Au milieu – 3. Au milieu – 4. Au milieu – 5. À la fin – 6. Au début.
3. « Comme on ne se connaissait pas, on a commencé par faire un **tour** de **table**. Ensuite, l'animatrice a pris la **parole** pour présenter **l'ordre** du **jour**. Elle m'a demandé de tenir le rôle de **secrétaire** de **séance**. J'ai donc dû **prendre** des notes pendant toute la réunion et maintenant, je dois rédiger le **compte rendu**. »

4 Réunion 4 : participation
Exercices page 17
1. 1. Elle ne sert à rien. – 2. Il garde la parole. – 3. Il est autoritaire. 4. Je n'ai pas pu dire un mot. 5. Ça ne débouche sur rien. – 6. Cette question était prévue. – 7. Il a trop parlé. – 8. Elle était trop longue.
2. 1. c – 2. b – 3. d – 4. e – 5.a.
3. *Extrait* 1. – 1. À mon sens, il faudrait insister et… – 2. Insister ? Mais pourquoi voulez-vous… ? – 3. Laissez-moi terminer, s'il vous plaît.
Extrait 2. – 1. On ferait mieux de laisser tomber. – 2. Que voulez-vous dire par-là ? – 3. Je veux dire qu'il faut être réaliste, on a perdu trop de temps sur cette affaire.

5 Téléphone 1 : préparatifs
Exercices page 19
1. 1. téléphoner – 2. consultez, cherchez – 3. décrochez, une tonalité, composez – 4. sonner – 5. décroche.
2. soixante-douze – quatre-vingt-onze – trente et un – quatorze. • soixante-sept – quarante-huit – zéro neuf – quatre-vingt-seize • dix-sept – quatre-vingt-deux – cinquante-quatre – quatre-vingt-dix-neuf.
3. 1. Vrai – 2. Faux – 3. Faux.
4. 1. En appelant Ixtel, je suis tombé sur un répondeur. – 2. J'ai entendu un message d'accueil. – 3. J'ai laissé un message. – 4. J'ai raccroché.
5. ~~Je suis absent pour le moment~~.

6 Téléphone 2 : prise de contact
Exercices page 21
1. 1. C'est de la part de qui ? – 2. Je vais voir s'il est là. – 3. C'est bien ça. – 4. J'aurais besoin d'une information. – 5. Merci bien. – 6. Est-ce que je peux laisser un message ? –

7. Pouvez-vous rappeler dans une heure? – 8. Dans ce cas, je rappellerai demain.
2. 1. C'est de la part de qui? (= Qui dois-je annoncer?) – 2. C'est à quel sujet? – 3. Pouvez-vous rappeler plus tard? – 4. Voulez-vous patienter? – 5. Elle est absente pour la journée.
3. 1. Le téléphone *sonne*, mais personne ne répond : le correspondant est *absent*, ou alors il ne veut pas me répondre. - 2. La *ligne* est *occupée*, le correspondant est en *ligne* ou il a oublié de raccrocher son téléphone.
4. Je n'arrive pas à *joindre* monsieur Pujol. À chaque fois que j'*appelle,* on me dit qu'il est en *déplacement* ou en *réunion* Je *laisse* un *message* lui demandant de me *rappeler.* Mais il ne me *rappelle* jamais. Je crois qu'il ne veut pas me parler.

7 Téléphone 3 : complications
Exercices page 23
1. 1. Bien sûr, est-ce que vous m'entendez mieux maintenant? – 2. Vous pouvez compter sur moi. – 3. Je vous en prie. – 4. Je ne suis pas chez Manuela?
2. • *Entretien 1 :* 1. C'est de la part de qui? – 2. Pierre Oger. – 3. Excusez-moi, pouvez-vous épeler votre nom, s'il vous plaît? – 4. Bien sûr, 0-G-E-R.
   • *Entretien 2* : 1. Je ne suis pas au 04 22 72 38? – 2. Non, ici, c'est le 73 38. – 3. Excusez-moi. – 4. Je vous en prie.
   • *Entretien 3 :* 1. Pourriez-vous lui transmettre un message? – 2. Bien sûr. – 3. Pouvez-vous lui dire que la réunion de jeudi est annulée? – 4. Vous pouvez compter sur moi.
   • *Entretien 4* : 1. Allô, Jonathan? – 2. Je crois que vous faites erreur. – 3. Je ne suis pas chez Jonathan? – 4. Non, vous êtes au Ministère des Transports.
3. 1. J comme *Jacques* ou G comme *Georges*? – 2. Ah bon? Je ne *suis* pas *chez* Ixtel? – 3. La *ligne* n'est pas très bonne, j'ai du *mal* à vous entendre. – 4. J'ai dû *me* tromper *de* numéro, excusez-moi.

8 Téléphone 4 : rendez-vous
Exercices page 25
1. 1. Je voudrais reporter le rendez-vous. – 2. Quel jour vous arrangerait? – 3. Le mieux, pour moi, serait mercredi à la même heure. – 4. C'est entendu, monsieur Bertin, mercredi 12, à 10 heures.
2. 1. « Je regrette, ça ne va pas être possible. » – « Malheureusement, je serai en déplacement toute la semaine. » – 2. « À quelle heure? » – « Ça dépend pourquoi. » – 3. « C'est parfait. » – « Ça ne m'arrange pas du tout. » – 4. « À 10 heures, vous seriez disponible? » – « Un instant, je consulte son agenda. »
3. Quel jour vous **conviendrait**, monsieur? - Je n'ai pas mon **agenda** sur moi. Est-ce que je peux vous **rappeler**? - Oui, bien sûr, nos bureaux sont ouverts jusqu'à 18 heures. - Je vous **rappelle** d'ici une heure.

9 Écrit 1 : lettre d'affaires
Exercices page 27
1. L'indication du lieu doit précéder la date : « Caen, le 7 juin 2010 » – 2. Il ne devrait pas y avoir d'article dans l'objet : « Table de ping pong » – 3. Le titre de civilité ne doit pas mentionner le nom de famille : « Madame, ».
2. 1. Nous avons bien reçu ce jour votre documentation sur la nouvelle collection. – 2. Avec mes remerciements anticipés, je vous prie de recevoir, Madame, Monsieur, mes salutations distinguées. – 3. Nous regrettons de vous informer que nous ne pouvons malheureusement pas répondre favorablement à votre demande.
3. 1. regret – 2. suite, concernant – 3. vouloir – 4. remercions – 5. attente, prie.

10 Écrit 2 : courrier électronique
Exercices page 29
1. 1. Recevoir – 2. Répondre – 3. Envoyer – 4. Imprimer – 5. Rechercher.
2. 1. Bonjour, – 2. Le comité d'entreprise souhaite organiser un voyage à la fin de l'année. – 3. Il propose les destinations suivantes : l'Italie, l'Espagne, la Grèce, l'Allemagne. – 4. Pouvez-vous faire une petite enquête dans votre service et nous indiquer quelle est

la destination favorite du personnel ? – 5. Merci de nous répondre avant la fin de la semaine. – 6. Cordiales salutations.
3. 1. Il a raison. – 2. Il a tort. – 3. Il a tort. – 4. Il a raison.

11 Parler en public 1
Exercices page 31
1. 1. b – 2. c – 3. a.
2. 1. prendre... parole... public – 2. micro – 3. sujet – 4. structuré, introduction, développement, conclusion, parties, plan – 5. rétroprojecteur, ordinateur – 6. tableau.
3. 1. Comme vous le savez... – 2. C'est un sujet qui est d'actualité... – 3. Tout d'abord, je ferai un bref rappel... – 4. Ensuite, j'examinerai... – 5. Pour terminer, j'essaierai de décrire...

12 Parler en public 2
Exercices page 33
1. 1. objectif – 2. contenu, sujet, auditoire – 3. imparti – 4. anecdotes, digressions
2. 1. b – 2. a – 3. e – 4. f – 5. d – 6. h – 7. g – 8. c.
3. 1. En fait – 2. En outre – 3. Par exemple – 4. Pour conclure.

13 Négociation 1 : situations
Exercices page 35
1. 1. Oui – 2. Oui – 3. Oui – 4. Oui – 5. Oui – 6. Non.
2. 1. débuté – 2. négociateurs, bonne voie – 3. rapports (relations), conflictuel(le)s, impasse, céder, parvenir – 3. rompue.
3. 1. Vrai – 2. Vrai – 3. Faux – 4. Vrai – 5. Faux – 6. Vrai – 7. Faux – 8. Vrai – 9. Faux – 10. Vrai.

14 Négociation 2 : stratégies
Exercices page 37
1. 1. Compétition – 2. Coopération – 3. Coopération – 4 Compétition – 5. Coopération – 6. Coopération – 7. Compétition – 8. Coopération – 9. Coopération.
2. projet – 2. gains – 3. transaction – 4. compromis – 5. relation – 6. stratégie – 7. parties – 8. intérêts.
3. 1. table – 2. remettre – 3. tomber – 4. sa position – 5. rapport – 6. perdant – 7. se font – 8. un terrain.

15 Négociation 3 : entre cultures
Exercices page 39
1. 1. c – 2. a – 3. d – 4. f – 5. b – 6. e
2. 1. d – 2. a – 3. f – 4. e – 5. b – 6. c.
3. 1. direct – 2. pragmatique – 3. abstrait – 4. battant – 5. logique – 6. courtois – 7. fonceur.

16 Types d'entreprises 1
Exercices page 41
1. 1. Faux – 2. Vrai – 3. Faux – 4. Vrai.
2. Un hôtel – Toyota – Un compagnie d'assurance.
3. 1. b – 2. a – 3. d – 4. c.
4. [...] Par exemple, le petit café du coin de la rue est une entreprise, tout comme la ***multinationale*** qui emploie des milliers de ***salariés*** et qui réalise des centaines de millions d'euros de ***chiffre*** d'affaires par an dans le monde entier. Aujourd'hui, les entreprises sont de plus en plus ***grandes***. Certaines sont même devenues des entreprises ***géantes***. Mais de nombreuses ***petites*** et ***moyennes*** entreprises (les ***PME***) restent encore très dynamiques.

17 Types d'entreprises 2
Exercices page 43
1. 1. Faux – 2. Vrai – 3. Vrai – 4. Faux.
2. 1. c – 2. e – 3. a – 4. f – 5. b – 6. d.
3. • *Entretien 1 :* - […] pour le moment, j'apprends le **métier**, je suis seulement un **apprenti**. - Combien de temps dure l'**apprentissage** ? – […] m'installer comme artisan à mon propre **compte**.
   • *Entretien 2 :* - À votre avis, faut-il **privatiser** les entreprises publiques ? - Non, je ne suis pas favorable aux **privatisations**, l'État ne doit pas vendre ses entreprises. - Alors, êtes-vous favorable aux **nationalisations** ? - Non plus […] les entreprises **privées** privatisées doivent […] les entreprises **publiques** nationalisées doivent rester **publiques**.
   • *Entretien 3 :* - Il y a cinq ans, mon frère et moi nous sommes **associés** pour créer notre entreprise. - Une entreprise **familiale**, alors ? […] - Le **siège** social est à Bruxelles. C'est une **société** de **droit** belge.

18 Secteurs d'activité
Exercices page 45
1. 1. distribution – 2. immobilier – 3. automobile – 4. textile – 5. pharmaceutique – 6. du tourisme – 7. restauration – 8. informatique – 9. agroalimentaire – 10. Pétrolier – 11. bancaire – 12. médias.
2. 1. Tertiaire – 2. Tertiaire – 3. Secondaire – 4. Primaire – 5. Secondaire – 6. Primaire – 7. Tertiaire – 8. Tertiaire.

19 Culture d'entreprise 1
Exercice page 47
1. aménager, temps, travail, variable – 2. pointeuse, pointer – 3. emplois, temps, chargés, argent, perdre, minute – 4. ponctualité, prévue, retard – 5. libres, horaires, heures – 6. répartition – 7. retard, discipline, stricte – 8. entreprise, tâches, tableau.

20 Culture d'entreprise 2
Exercices page 49
1. 1. Courte – 2. Longue – 3. Longue – 4. Courte – 5. Longue – 6. Courte.
2. 2. Ils entretiennent des relations *étroites*. – 3. Il est tout le temps *disponible*. – 4. C'est quelqu'un de tout à fait *accessible*. – 5. Elle est *proche* de son personnel. – 6. La hiérarchie est *plate*.
3. 1. e – 2. d – 3. b – 4. c – 5. g – 6. a – 7. f.
4. 1. tutoyer, vouvoyer – 2. se tutoyer – 3. se vouvoyer.

21 Croissance de l'entreprise
Exercices page 51
1. 1. atelier – 2. créateur d'entreprise – 3. leader – 4. pleine expansion – 5. usine – 6. fabricant – 7. produit alimentaire – 8. siège social.
2. 1. Faux – 2. Vrai – 3. Faux – 4. Vrai – 5. Vrai – 6. Vrai – 7. Faux – 8. Faux – 9. Vrai – 10. Vrai.

22 Disparition de l'entreprise
Exercices page 53
1. 1. ses fournisseurs – 2. déposer son bilan – 3. diminue son endettement – 4. que ses concurrents sont dans le rouge – 5. redresser l'entreprise – 6. des suppressions d'emploi – 7. la faillite d'un gros client – 8. peut être en bonne santé.
2. • *Scénario 1 :* 1. En juin, un nouveau P-DG prend la tête de l'entreprise. – 2. Il a pour mission de redresser l'entreprise. – 3. Il met en place un plan de restructuration. – 4. Le plan de restructuration échoue. – 5. L'entreprise doit déposer son bilan.
   • *Scénario 2 :* 1. Au début, les affaires vont plutôt bien. – 2. Mais peu à peu le carnet de commande se vide. – 3. La société Cortex est au bord de la faillite. – 4. Cortex fait faillite. – 5. Conclusion : les choses ont mal tourné pour Cortex.

- *Scénario 3* : 1. L'entreprise a du mal à payer ses dettes. – 2. Elle devient insolvable. – 3. Elle doit déposer son bilan. – 4. Elle est déclarée en faillite. – 5. Le tribunal prononce sa liquidation.
- *Scénario 4* : 1. C'est l'histoire de Telton, une entreprise endettée, au bord de la faillite. – 2. Arrive un nouveau P-DG qui met en place un plan de redressement. – 3. Le plan entraîne la perte de 300 emplois. – 4. Mais deux ans plus tard, Telton est sauvée et crée de nouveaux emplois.

23 Professions 1
Exercices page 55
1. 1. e – 2. b – 3. f – 4. d – 5. a – 6. c.
2. Julie : hôtesse de l'air – Antonin : réceptionniste (dans un hôtel) – Caroline : caissière (dans une grande surface).
3. 1. Vrai – 2. Faux – 3. Vrai – 4. Faux – 5. Faux.

24 Professions 2
Exercices page 57
1. 1. déclaré – 2. bénévolement – 3. dur – 4. routinier/répétitif – 5. prenant – 6. épuisant – 7. passionnant – 8. enrichissant – 9. stable – 10. bosseur.
2. 1. b – 2. c – 3. h – 4. a – 5. e – 6. d – 7. i – 8. j – 9. g – 10. f.

25 Lieu de travail
Exercices page 59
1. 1. quartier – 2. étage, immeuble – 3. parking – 4. climatisation – 5. partager, serré – 6. équipé – 7. insonorisé – 8. cantine.
2. 1. spacieux – 2. un déménagement – 3. une cloison – 4. climatisé.
3. 1. Faux – 2. Faux – 3. Faux – 4. Faux – 5. Vrai.

26 Diplômes et formation
Exercices page 61
1. • *Scénario 1* : 1. d – 2. b – 3. a – 4. c. • *Scénario 2* : 1. b – 2. d – 3. a – 4. c. • *Scénario 3* : 1. d – 2. a – 3. d – 4. c. • *Scénario 4* : 1. b – 2. d – 3. a – 4. c.
2. 1. Éva travaille dix heures par jour […] – 2. Le jour J arrive […] – 3. Trois semaines plus tard, elle apprend […] – 4. Les cours commencent début septembre. – 5. Elle suit assidûment […] – 6. Trois ans plus tard […] 7. Elle entre dans un cabinet de consultant.
3. 1. grande, concours, candidats, places – 2. suivre, stages – 3. formation, comme – 4. diplôme, emploi – 5. inscrire, université – 6. scolarité, rater, baccalauréat.

27 Emploi et chômage
Exercices page 63
1. Vrai – 2. Vrai – 3. Vrai – 4. Faux – 5. Faux.
2. L'Institut national des statistiques a publié hier les **chiffres** de l'emploi. Mauvaise nouvelle : la **situation** de l'emploi dans le pays continue de se **dégrader**, en particulier pour les jeunes. Le **taux** de chômage reste très **élevé**. Il **touche** maintenant 11,6 % de la population **active**. La moitié des jeunes diplômés sortant de l'Université sont à la **recherche** d'un **emploi**. […] Pour l'instant, en effet, un jeune qui n'a pas encore travaillé ne reçoit aucune **indemnité** de chômage. Les étudiants ont **manifesté** dans les rues de la capitale. Ils veulent obtenir des **aides** de l'État et des **créations** d'emplois de la part des entreprises. […] Seule consolation : les **chômeurs** de longue **durée** sont en diminution.

28 Recherche d'emploi
Exercices page 65
1. 1. Candidat – 2. Candidat – 3. Candidat – 4. Candidat – 5. Employeur – 6. Candidat – 7. Employeur – 8. Candidat – 9. Employeur – 10. Candidat.

2. 1. Un curriculum vitae – 2. Une offre d'emploi, une petite annonce.
   3. 1. Dans votre CV, donnez quelques détails sur votre **état-civil** (âge, nationalité, etc.), décrivez votre **expérience professionnelle**, expliquez votre **formation**, dites un mot sur vos **activités extra**-professionnelles – 2. Envoyez votre CV et votre **lettre** de **motivation** soit à un **cabinet** de **recrutement**, soit directement au **service** du **personnel** de l'entreprise (ou à la direction des **ressources humaines**). – 3. Pendant l'**entretien** d'**embauche**, mettez en avant vos qualités et vos **compétences**, essayez de convaincre l'employeur que votre **profil** correspond bien au **poste** proposé.

29 Contrat de travail
Exercices page 67

   1. Entre la société Berthier et Mme Noémie Poulain, il est **convenu** ce qui suit :
   Art. 1. La société Berthier engage Mme Noémie Poulain à **compter** du 1er mars en **qualité** d'ingénieur.
   Art. 2. Mme Poulain exercera ses **fonctions** sous l'**autorité** directe du directeur général.
   Art. 3. Le présent contrat est conclu pour une **durée** indéterminée. Il ne deviendra définitif qu'à l'**expiration** d'une **période** d'**essai** de deux mois. Durant cette période, chacune des parties pourra **résilier** le contrat sans donner de **préavis** et sans indiquer de **motif**.
   Art. 4. Le salaire **annuel** brut de Mme Poulain est **fixé** à 42 000 euros.
   2. 1. licencié, démission – 2. temps, plein, fais, supplémentaires – 3. intérim, entreprise, temporaire, mission, remplace – 4. contrat, déterminée.
   3. 1. payer le salaire – 2. exécuter le travail – 3. donner un (délai de) préavis.

30 Rémunération du travail
Exercices page 69

   1. 1. treizième mois – 2. touchent, prime de rendement – 3. fixe, commission, montant – 4. salaire minimum – 5. ancienneté – 6. prime d'assiduité – 7. congés payés – 8. pourboire.
   2. 1. bénéfices – 2. fonction – 3. frais de déplacement – 4. base – 5. salaire – 6. prime de nuit.

31 Personnel et encadrement
Exercices page 71

   1. 1. préside – 2. gère – 3. encadre – 4. occupe – 5. fait.
   2. La société Tellier **emploie** près de 200 **salariés**. L'**encadrement** regroupe une vingtaine de cadres. Comme Tellier est une entreprise industrielle, les cadres **techniques** sont les plus nombreux. Mais bien sûr il y a aussi des cadres **administratifs** et des cadres **commerciaux**. Marius Guillemot est **directeur** de la **production**. C'est un **ingénieur** de formation. Il supervise les cinq ateliers de l'**usine**. Les chefs d'atelier travaillent **sous** sa **responsabilité**. Les commerciaux sont répartis dans deux services : le service des **ventes** et le service des **achats**. Les chefs de ces deux services sont placés **sous** la **direction** d'un **directeur commercial**.
   Le directeur administratif s'appelle Sébastien Goujon. Il contrôle le service de la **comptabilité**, le service du **personnel** et le service **juridique**.
   3. 1. Vrai – 2. Faux – 3. Faux – 4. Vrai – 5. Faux – 6. Faux – 7. Vrai.

32 Conflits du travail
Exercices page 73

   1. 1. faire – 2. mettre, préavis – 3. revendications, revalorisation, salaires – 4. grévistes, occuper, occupation, horaires, tas, piquets, grève – 5. adhérer, syndicat, adhérer.
   2. 1. Grève surprise – 2. Grève de solidarité – 3. Grève sauvage – 4. Grève perlée.

33 Biens de production
Exercices page 75
1. 1. Fixe – 2. Fixe – 3. Circulant – 4. Fixe – 5. Circulant.
2. 1. Vrai – 2. Vrai – 3. Faux – 4. Faux.
3. 1. b – 2. a – 3. f – 4. d – 5. e – 6. c.
4. 1. pétrole – 2. chaleur – 3. vent – 4. électricité – 5. gaz – 6. charbon.

34 Produire
Exercices page 77
1. 1. réduit, coûts, production. – 2. délais, respecter – 3. continu – 4. contrôlons, qualité – 5. équipée – 6. mode, flexible, évolution, demande – 7. informatique, informaticiens.
2. 1. En petite série – 2. À l'unité – 3. À l'unité – 4. De masse – 5. De masse – 6. À l'unité – 7. En petite série – 8. À l'unité.
3. 1. Vrai – 2. Vrai – 3. Faux.

35 Productivité
Exercices page 79
1. 1. Fixes – 2. Fixes – 3. Fixes – 4. Variables – 5. Variables – 6. Variables.
2. 1. concurrence, productives – 2. outil, production, gains, rentable – 3. pouvoir, achat – 4. organisé, motivé – 5. main-d'œuvre, qualifiée, niveau de vie.
3. 1. Non – 2. Oui – 3. Oui – 4. Non.

36 Recherche et développement
Exercices page 81
1. 1. recherche – 2. chercheur – 3. scientifiques – 4. découvertes – 5. publiés, revues.
2. Mots croisés

37 Propriété intellectuelle
Exercices page 83
1. Art 2. Les **brevets** d'**invention** sont **délivrés** pour une **durée** de vingt ans à compter du **dépôt** de la demande. Ils confèrent (donnent) à leur **titulaire** un droit **exclusif d'exploitation**.
Art. 10. Sont **brevetables** les inventions nouvelles impliquant une activité inventive et susceptible d'**application** industrielle.
2. Mots croisés
3. 1. FAUX – 2. FAUX – 3. VRAI.

38 Sous-traitance
Exercices page 85
1. 1. DO – 2. ST – 3. DO – 4. ST – 5. DO – 6. DO.
2. 1. Pour rester compétitives, beaucoup de grandes entreprises *sous-traitent* une partie de leur *production*. Elles *se recentrent* sur leur métier *de base*.
   2. Ainsi, les *constructeurs* automobiles sous-traitent à des *équipementiers* la fabrication des pièces *détachées*.
   3. Dans les *usines*, les ouvriers s'occupent de l'*assemblage*. Dans les *bureaux d'études*, les ingénieurs travaillent à la *conception* des voitures.
   4. Le *sous-traitant* a de nombreuses obligations. Il doit livrer des produits *conformes* au cahier *des charges*.
   5. Si le *donneur d'ordre* lui a *révélé* des informations *confidentielles*, voire des *secrets* de fabrication, le sous-traitant n'a pas le droit de les *divulguer*.

39 Gestion de stocks
Exercices page 87
1. 1. produits finis – 2. entreposés, entrepôt – 3. écouler, niveau, élevé, frais, stockage – 4. rupture, approvisionner – 5. délais, retard, livraison.
2. 1. juste à temps – 2. gestion de stocks – 3. zéro stock – 4. matières premières – 5. Fournisseurs.
3. Mots croisés

```
          c       e
      a   F       M
1 E M B A L L A G E
  A       U       G
  N       X       A
  U   b           S
  T   R           I
2 G E R E R       N   f
  N   S       d   D
  T   E       C   E
  I   R       O   L
  O   V       U   A
3 I N V E N T A I R E
```

40 Risques industriels
Exercices page 89
1. 1. e – 2. c – 3. b – 4. a – 5. f – 6. d.
2. 1. ambiance – 2. prévenir, guérir – 3. environnement – 4. sanitaires – 5. absentéisme – 6. éclairé.
3. 1. règlement – 2. port, obligatoire – 3. déchets, polluent – 4. prévention – 5. évaluer, gérer – 6. conditions, travail, hygiène, sécurité.
4. 1. Les mesures d'hygiène ont pour objectif (but) de *préserver la santé des travailleurs*. – 2. Une maladie professionnelle trouve son origine dans *le travail*. – 3. Quand il est sérieusement malade, un salarié doit *prendre un congé de maladie*. – 4. Une nuisance, c'est quelque chose qui *représente un danger pour la qualité de la vie*. – 5. Toute entreprise responsable devrait *se préoccuper de la protection de l'environnement*.

41 Indicateurs économiques
Exercices page 91
1. 1. crises – 2. cycles – 3. phases – 4. dépressions – 5. récessions – 6. taux.
2. 1. stagné – 2. progressé – 3. fortement baissé.
3. 1. record – 2. croissance, zone – 3. La déflation – 4. localisée – 5. en hausse.
4. Il est devenu plus facile de transporter les marchandises et les personnes. La libéralisation des échanges s'est considérablement développée.

42 Agents du marché
Exercices page 93
1. 1. potentiel – 2. libre concurrence – 3. économie de marché – 4. marché concurrentiel – 5. circuit de distribution – 6. détaillant.
2. 1. producteur, distributeur, prescripteur, acheteur, consomme – 2. marché, débouché – 3. concurrents, consommateurs.

3. 1. Prescripteur – 2. Prescripteur – 3. Utilisateur – 4. Acheteur – 5. Consommateur.
   4. 1. Court – 2. Direct – 3. Long – 4. Court.

43 Étude de marché
Exercices page 95
1. 1. b – 2. d – 3. f – 4. a – 5. c – 6. e.
2. 1. maturité – 2. lancement – 3. déclin – 4. croissance.
3. 1. segmenter – 2. plafonner – 3. lancer – 4. cibler – 5. réaliser.
4. 1. sondage – 2. marché test – 3. professionnels de la restauration.

44 Identifier le produit
Exercices page 97
1. 1. marque – 2. gamme – 3. gamme – 4. marque – 5. marque – 6. gamme – 7. marque – 8. marque.
2. 1. conditionnement – 2. positionnement – 3. conditionnement – 4. positionnement – 5. conditionnement – 6. conditionnement.
3. 1. références, articles – 2. de marque, génériques – 3. notoriété – 4. de luxe – 5. commercialisé – 6. emballages.

45 Fixer le prix
Exercices page 99
1. 1. Ils ont des prix imbattables. – 2. Ils proposent des prix très attractifs. – 3. Ils ont des prix plutôt modérés. – 4. Leurs prix sont exorbitants.
2. Coût de revient : 160 – Marge : 40 – TVA (18 %) : 36 – Prix TTC : 236.
3. 1. seuil de rentabilité – 2. prix d'acceptabilité, acceptable – 3. test de prix – 4. prix d'appel, intéressants – 5. marché, administrés.
4. 1. Pour le sel, l'élasticité-prix est faible, voire presque nulle (le sel est un produit de première nécessité). – 2. Pour les loisirs, l'élasticité-prix est très forte.

46 Communication commerciale 1
Exercices page 101
1. 1. presse – 2. radio – 3. cinéma – 4. télévision – 5. affichage.
2. 1. annonceurs, agences de publicité – 2. agences de publicité, annonceurs – 3. PLV – 4. affiches – 5. messages, courrier.
3. 1. démarchage téléphonique – 2. fichier d'adresses – 3. porteurs, dépliants – 4. publicité mensongère – 5. slogan – 6. publicité, lieu, vente, vente – 7. catalogue, ligne.

47 Communication commerciale 2
Exercices page 103
1. 1. Échantillon – 2. Jeu – 3. Offre spéciale – 4. Essai gratuit – 5. Carte de fidélité.
2. 1. Vrai – 2. Vrai – 3. Faux – 4. Vrai – 5. Faux.
3. Il faut conseiller le championnat du monde de golf. La coupe du monde de football et le jeu télévisé s'adressent à un trop grand nombre de personnes, de toutes catégories. En revanche, le championnat du monde de golf intéresse des gens du monde entier, mais qui appartiennent à une classe sociale plus fortunée et qui peuvent consommer des produits de luxe.

48 Manifestations commerciales
Exercices page 105
1. – Qu'est-ce que je dois faire pour *participer* au salon ?
   – Vous devez *louer* un stand.
   – Combien coûte la *location* ?
   – Ça dépend de la *surface*. Un stand de 9 mètres *carrés*, par exemple, coûtent 4000 euros.

De plus, vous devez vous occuper de l'*installation* et de l'*aménagement* de votre stand.
– Tout cela coûte cher. Est-ce que ça vaut la peine de dépenser autant d'argent ?
– Oui, parce que notre salon est un bon moyen de **présenter** vos produits au public ainsi qu'à des **acheteurs** professionnels. Chaque année, nous réunissons près d'un millier d'**exposants** et nous accueillons environ 50 000 **visiteurs**.
2. 1. Vrai – 2. Faux – 3. Faux – 4. Faux – 5. Faux.
3. C'est très simple. Vous allez jusqu'au bout de l'allée A. Vous tournez à droite. Vous verrez, le stand Ixtel se trouve un peu plus loin, sur votre gauche.

49 Commerces
Exercices page 107
1. 1. une librairie – 2. teinturier – 3. pâtisserie – 4. un marchand de chaussures – 5. chez le coiffeur – 6. dans une papeterie.
2. 1. Faux – 2. Vrai – 3. Faux – 4. Vrai – 5. Vrai – 6. Faux.
3. Mots croisés

Horizontal: 1. ASSISTANCE – 2. COURSES
Vertical: a. SURFACE – b. EPICERIE – c. BOUTIQUES – d. CHAINE – e. CHEF

50 Entretien de vente 1
Exercices page 109
1. 1. attentif – 2. discret – 3. curieux – 4. patient – 5. débrouillard – 6. optimiste – 7. organisé – 8. ponctuel – 9. disponible – 10. communicatif.
2. 1. b – 2. c – 3. f – 4. d – 5. a – 6. g – 7. e.

51 Entretien de vente 2
Exercices page 111
1. 1. Vendeur – 2. Client – 3. Vendeur – 4. Client – 5. Client – 6. Vendeur – 7. Vendeur – 8. Client.
2. • *Entretien 1* : 1. C'est très fragile, ça casse facilement. – 2. Qu'est-ce qui vous fait dire cela ? – 3. Une amie l'a acheté et c'est ce qu'elle m'a dit. – 4. Elle a acheté ce tout nouveau modèle ou un modèle plus ancien ? – 5. Euh… Il y a pas mal de temps qu'elle l'a.
• *Entretien 2* : 1. Cette voiture n'est pas très pratique. – 2. Pas pratique ? – 3. Oui, elle n'a que deux portes. – 4. Rassurez-vous, elle existe en quatre portes.
• *Entretien 3* : 1. Cette moto ne m'intéresse pas. – 2. Ah bon, mais pourquoi ? – 3. Elle est trop chère. – 4. À part le prix, elle vous plaît ?
• *Entretien 4* : 1. Je n'aime pas beaucoup cette couleur. – 2. Je comprends, ce qui vous fait hésiter, c'est la couleur, n'est-ce pas ? – 3. Oui. – 4. Eh bien, je peux vous proposer sept couleurs différentes.

52 Commerce électronique
Exercices page 113
1. 1. Un moteur de recherche – 2. Une messagerie – 3. Un fournisseur d'accès – 4. Un site de commerce électronique – 5. Un navigateur.
2. 1. B2B – 2. B2B – 3. B2C – 4. B2C.
3. Claire, *internaute* passionnée : « Tous les jours, je **surfe** des heures et des heures sur le web. Dès que je me lève le matin, je me **connecte** sur Internet. […] J'adore consulter les **catalogues** des grands magasins et acheter en **ligne**. […] il suffit de placer les **articles** dans le **chariot**, clic, clic, et […] je paye seulement un **forfait** de 10 euros par mois à mon **fournisseur** d'accès pour une durée de **connexion** illimitée.

53 Commande et livraison
Exercices page 115
1. 1. Livraison incomplète – 2. Retard de livraison – 3. Marchandise non conforme – 4. Marchandise en mauvais état – 5. Marchandise non conforme – 6. Livraison incomplète.
2. 1. date, expiration – 2. livrer – 3. facture.
3. Objet : ma **commande** n° 546 du 12 avril
   J'ai bien **reçu** ce jour le téléphone portable faisant l'objet de ma commande **référencée** ci-dessus. **Or,** en procédant au déballage, j'ai constaté que cet article n'était pas **conforme** à celui que j'ai **commandé**. En effet, il m'a été *livré* un téléphone Sony G67 au lieu d'un Sony V87.
   Je vous **prie** donc de m'**expédier/envoyer** le Sony V87 dans les **meilleurs délais**. Je vous retournerai aussitôt le Sony G67. Je vous en remercie **par avance**. **Meilleures** salutations.

54 Conditions de paiement
Exercices page 117
1. 1. rabais – 2. escompte – 3. remise – 4. ristourne.
2. 1. Vrai – 2. Faux – 3. Faux – 4. Faux – 5. Vrai – 6. Vrai – 7. Vrai – 8. Vrai – 9. Vrai – 10. Faux.
3. **Règlement** : 20 % à la **commande**, le **solde** à la **livraison**. **Transport** : par route et à notre **charge**.

55 Se faire payer
Exercices page 119
1.

Réf.	Désignation	PU HT	Quantité	Montant
015	Chaise hêtre	20	3	60
112	Tableau aimanté	10	4	40
			Total HT	100
			TVA 10 %	10
			Total TTC	110
			Net à payer	110

2. *Lettre 1* : Nous avons bien reçu votre **facture** n° 908 […] Après vérification, nous **constatons** que vous nous avez **facturé** les chaises en hêtre **référencées** sous le numéro 015 au prix **unitaire** de 23 euros alors que votre **liste** de prix indique un prix de 20 euros. Vous voudrez donc bien nous faire **parvenir** une facture rectificative.
   Lettre 2 : Nous vous adressons ci-joint copie de notre **facture** n° 907 du 8 octobre, d'un **montant** de 1032,85 euros, payable dès **réception**. Malgré nos deux lettres de **rappel** du 25 octobre et du 8 novembre, cette facture est **restée impayée**. Vous voudrez donc bien nous **régler** cette somme sous **huitaine**. Nous restons dans l'attente de votre **règlement** et vous prions de recevoir, **Monsieur,** nos salutations dévouées. Service **facturation**

56 Exporter
Exercices page 121
1. 1. c – 2. d – 3. b – 4. e – 5. a.
2. 1. Quand dans un pays les exportations sont inférieures aux **importations**, on dit que la **balance commerciale** est **déficitaire**. Dans le cas contraire, on dit qu'elle est **excédentaire**. – 2. Pour protéger l'industrie nationale, un pays peut prendre des mesures **protectionnistes**. Il peut, par exemple, mettre en place des **procédures** administratives complexes, de façon à décourager les entreprises **exportatrices** des autres pays d'**importer** sur son territoire. – 3. En principe, un pays favorable au libre-**échange** supprime les **contingentements**, baisse les **droits** de douane, assouplit les **normes** techniques.
3. Favorable.

57 Éthique dans les affaires
Exercices page 123

1. 1. C – 2. C – 3. B – 4. C – 5. D – 6. A

2. Mots croisés

```
           b       c
           D       C
        1 ÉQUITABLE
           S   R   H
           C   T   I
           R   E   Q
           I       U
        2 CORROMPRE
        a  I       
        P  N       
        3 SOUTENIR
        L          
        4 SOLIDAIRE
        U          
          ÉTHIQUE
```

58 Infraction économique 1
Exercices page 125

1. 1. contrefaçon – 2. racket – 3. contrebande – 4. blanchiment d'argent.
2. 1. faux-monnayeur – 2. contrebandier – 3. trafiquant – 4. racketteur.
3. 1. saisi – 2. poursuit – 3. contrefait, marque – 4. préjudice – 5. condamné, dommages-intérêts.
4. 1. Par exemple, harmoniser la fiscalité (les taxes) sur ces produits au niveau international. 2. Exemple : si vous ne me payez pas, j'enverrai à la presse des photos compromettantes.

59 Infraction économique 2
Exercices page 127

1. 1. sécurité, piratage – 2. bourse, délit, amende – 3. fisc, paradis – 4. fonds, profit – 5. évasion, fraudeurs.

2. Mots croisés

60 Pratiques anticoncurrentielles
Exercices page 129

1. 1. jeu – 2. position – 3. entente – 4. preuve – 5. Commission, droit.
2. 1. Les restrictions de concurrence ne sont pas… – 2. Elles peuvent être le fait… – 3. Le droit européen interdit donc…
3. 1. communautaire, abus – 2. ententes, faussent, Union – 3. subventions, États membres, prohibées – 4. concentrations.
4. dumping

61 Services bancaires
Exercices page 131
1. 1. b – 2. c – 3. a – 4. e – 5. d – 6. f.
2. 1. • *Histoire de chèque* : 1. J'ouvre un compte courant. 2. Je reçois un carnet de chèque. 3. Je fais un chèque à l'ordre de Lucas. 4. Lucas encaisse mon chèque. 2. • *Devant un distributeur* : 1. Insérez votre carte bancaire. 2. Composez votre code secret. 3. Tapez le montant que vous désirez. 4. Retirez vos billets.
3. 1. déposez, reçu – 2. chèque, encaissé – 3. bancaire, retraits – 4. prélèvements automatiques – 5. position, relevé – 6. découvert, virement, épargne, courant.

62 Crédit bancaire
Exercices page 133
1. 1. à – 2. pris, terme – 3. apporte – 4. obtenir, hypothéquer – 5. insolvable – 6. rembourser, intérêts – 7. saisie.
2. 1. prêté – 2. prêter – 3. prêter – 4. emprunter – 5. prêter.
3. 1. Créancier – 2. Créancier – 3. Créancier – 4. Débiteur – 5. Créancier – 6. Débiteur – 7. Débiteur – 8. Débiteur – 9. Créancier – 10. Créancier.

63 Apport de capital
Exercices page 135
1. 1. B – 2. B – 3. A – 4. C – 5. B – 6. A – 7. C – 8. A.
2. 1. Personnes. – 2. Capitaux – 3. Capitaux – 4. Personnes.
3. 1. capital social – 2. nature, numéraire – 3. anonyme, capitaux – 4. émet, actions – 5. part sociale, titre – 6. droit, sociétés.

64 Droits de l'actionnaire
Exercices page 137
1. 1. convoquer – 2. délibérer – 3. approuver – 4. distribuer – 5. élire – 6. assister, voter.
2. 1. Dans les sociétés qui comptent des milliers… 2. De plus, il serait souhaitable… 3. Pour ces deux raisons, les statuts…
3. 1. nominative – 2. ordinaire – 3. petit – 4. minoritaires – 5. référence.
4. 1. Faux – 2. Faux – 3. Vrai – 4. Faux.

65 Placements financiers
Exercices page 139
1. 1. Obligations – 2. Obligations – 3. Actions – 4. Obligations – 5. Obligations – 6. Obligations – 7. Actions – 8. Actions.
2. 1. Vous avez **souscrit** à une **émission** d'obligations. Vous êtes le **créancier obligataire**. Chaque année, la société **émettrice** (la société qui a **émis** l'**emprunt obligataire**) vous verse des **intérêts**. À l'**échéance**, elle vous remboursera le montant de l'**emprunt**.
2. Il est risqué de **placer** toutes ses **économies** dans des **valeurs** appartenant au même **secteur** d'activité. Il est préférable de **diversifier** son **portefeuille**.
3. Vous souhaitez vendre certaines actions de votre portefeuille. Si le cours auquel vous **vendez** est supérieur au **cours** d'**achat**, vous réaliserez une **plus-value**. Dans le cas contraire, vous réaliserez une **moins-value**.
3. 1. spéculer. – 2. une obligation convertible en actions. – 3. un emprunt d'État. – 4. l'échéance. – 5. un titre qui peut être négocié en bourse.

66 Fluctuations boursières
Exercices page 141

1.

Verbe	Nom
offrir	une **offre**
demander	une **demande**
baisser	une baisse
monter	une montée
se replier	un **repli**
reculer	un **recul**

Verbe	Nom
s'effondrer	un **effondrement**
chuter	une **chute**
fluctuer	une fluctuation
exploser	une explosion
éclater	un éclatement
flamber	une flambée

2. la montée – la flambée

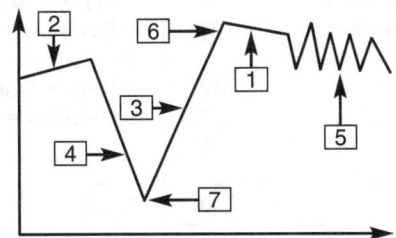

4. 1. ouverture, clôture – 2. séance, ouvert, clôturé – 3. krach boursier, bulle – 4. indice, capitalisations.

67 Acteurs de la bourse
Exercices page 143

1. Si vous passez un ordre de **bourse**, celui-ci doit comporter un certain nombre de précisions :
   – le sens de l'opération : achat ou **vente** ;
   – le nombre et le nom du **titre** : nombre d'actions ou d'obligations de telle ou telle **société** ;
   – la limite de **validité** de l'offre : jusqu'à quel moment l'ordre est valable ;
   – les conditions de prix : prix maximal à l'**achat** et prix minimal à la vente.
2. 1. b – 2. c – 3. a – 4. e – 5. d.
3. 1. volatile – 2. haussier – 3. inchangé – 4. indécis – 5. baissier – 6. actif.

68 Assurances
Exercices page 145

1. 1. Personnes – 2. Biens – 3. Responsabilité – 4. Biens.
2. 1. POLICE – 2. FRANCHISE – 3. ASSURÉ – 4. INDEMNITÉ – 5. RISQUE – 6. RÉSILIER – 7. PRIME – 8. SINISTRE – 9. TIERS – 10. DOMMAGE.
3. 1. Faux – 2. Faux – 3. Vrai – 4. Vrai* – 5. Vrai – 6. Faux.
   *Dans le cas de l'assurance-vie (en cas de vie), la vie de l'assuré est un risque. Si l'assuré vit après un certain âge, l'assureur devra lui verser une indemnité (qui peut être une pension de retraite).

69 Faire les comptes
Exercices page 147

1. 1. Vous **débitez** le compte **caisse** de 23,50 euros. – 2. Vous **créditez** de 1325 euros le compte **banque** de la librairie.
2. 1. exercice – 2. produits – 3. charges – 4. résultat – 5. bénéfice – 6. perte.
3. Production vendue – Plus-value réalisée sur la vente d'un bien immeuble.

4. 1. Il parle du plan comptable. 2. La caisse peut être vide (= 0), mais on ne peut pas y entrer de valeurs négatives.

70 Faire le bilan
Exercices page 149

1. *Bilan B* : un hypermarché (importance des stocks). *Bilan A* : un équipementier automobile (importance des immobilisations corporelles). *Bilan C* : une société financière (importance des immobilisations financières et des valeurs mobilières de placement).

2.

BILAN CIBOX			
ACTIF		**PASSIF**	
Actif immobilisé		Capitaux propres	
• Immobilisations incorporelles	38	• *Capital social*	*85*
• *Immobilisations corporelles*	*103*	• *Réserves*	*26*
Actif circulant		Dettes	
• *Stocks*	*32*	• *Dettes financières*	*69*
• *Créances*	*21*	• *Dettes d'exploitation*	*20*
• *Disponibilités*	*6*		
Total	200	Total	200

Directrice éditoriale : Michèle Grandmangin
Édition : Bernard Delcord
Mise en pages : Lo Yenne

© CLE International/SEJER - 2004
ISBN : 209033807-5

N° d'éditeur : 10120361 – Lo Yenne – janvier 2005
Imprimé en France par l'imprimerie Hérissey - N° 98210